CATALOGUE

DE

PEINTURES

SUR PORCELAINE,

ET

MINIATURES

Exécutées par Mlle A. PERLET,

ET DES

TABLEAUX, DESSINS ANCIENS,

GRAVURES ET OUVRAGES SUR LES ARTS,

Qui composaient son Atelier,

DONT LA VENTE AUX ENCHÈRES PUBLIQUES AURA LIEU

pour cause de départ,

HOTEL DES VENTES

RUE DES JEUNEURS, N° 42,

Salle n. 2,

LE LUNDI 25 AVRIL 1853, A UNE HEURE.

Par le ministère de Me RIDEL, Commissaire - Priseur
355, rue Saint-Honoré,
Assisté de M. FRANCIS PETIT, Appréciateur,
24, boulevart Poissonnière.
Chez lesquels se distribue le présent Catalogue.

EXPOSITION PUBLIQUE

Le Dimanche 24 Avril 1853, de midi à cinq heures.

1853

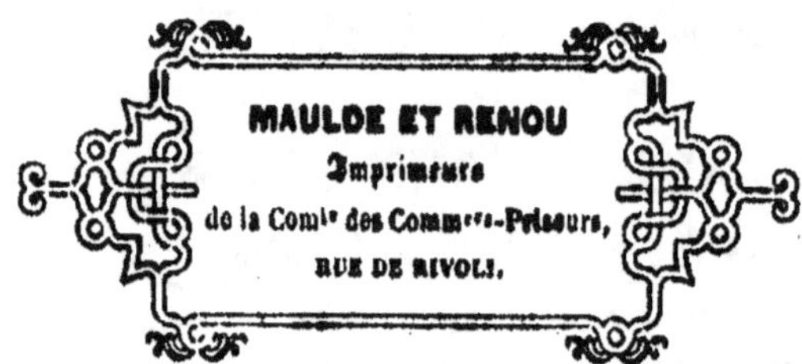

MAULDE ET RENOU
Imprimeurs
de la Com^ie des Comm^res-Priseurs,
RUE DE RIVOLI.

CATALOGUE

DE

PEINTURES

SUR PORCELAINE,

ET

MINIATURES

Exécutées par Mlle A. PERLET,

ET DES

TABLEAUX, DESSINS ANCIENS,

GRAVURES ET OUVRAGES SUR LES ARTS,

Qui composaient son Atelier,

DONT LA VENTE AUX ENCHÈRES PUBLIQUES AURA LIEU

pour cause de départ,

HOTEL DES VENTES

RUE DES JEUNEURS, N° 42,

Salle n. 2,

LE LUNDI 25 AVRIL 1853, A UNE HEURE.

Par le ministère de Me **RIDEL**, Commissaire-Priseur

535, rue Saint-Honoré,

Assisté de M. FRANÇOIS **PETIT**, Appréciateur,

24, boulevart Poissonnière.

Chez lesquels se distribue le présent Catalogue.

EXPOSITION PUBLIQUE

Le Dimanche 24 Avril 1853, de midi à cinq heures.

1853

Mademoiselle Perlet, élève de M. Ingres et de madame Jaquotot, a exécuté un grand nombre de travaux pour la manufacture de Sèvres, sous la direction de M. Brougniart. Ses instants de loisir étaient employés à se former pour elle-même une petite Collection de ces peintures, qui deviennent de plus en plus rares maintenant, et c'est cette Collection que nous sommes appelés à vendre, le 25 avril prochain, avec les autres objets qui garnissaient son atelier.

CONDITIONS DE LA VENTE.

Les acquéreurs paieront, en sus des adjudications, cinq centimes par franc applicables aux frais.

DÉSIGNATION

DES

PEINTURES SUR PORCELAINE

1 — **Les Enfants de Charles Ier, d'après Van Dyck.**
Haut. 40 c. Larg. 47 c.

2 — **Le comte de Paris, d'après Winterhalter.**
Haut. 41 c. Larg. 30 c.

3 — **La Vedova, d'après Léopold Robert.**
Haut. 37 c. Larg. 30 c.

4 — **Le Vœu de Louis XIII, d'après Ingrés.**
Forme ovale. — Haut. 35 c. Larg. 45 c.

5 — **Le Coucher, d'après Vanloo.**
Haut. 33 c. Larg. 25 c.

6 — **Portrait d'homme, d'après Largillière.**
Haut. 28 c. Larg. 22 c.

7 — **Mignon, d'après A. Scheffer.**
Haut. 28 c. Larg. 15 c.

8 — **Mignon, d'après A. Scheffer.**
Haut. 28 c. Larg. 15 c.

9 — Regnard.

Forme ovale. — Haut. 25 c. Larg. 22 c.

10 — Portrait de Louis-Philippe, d'après Gérard.

Forme ovale. — Haut. 24 c. Larg. 19 c.

11 — Vierge et Enfant Jésus, d'après Raphaël.

Haut. 25 c. Larg. 17 c.

12 — Madeleine, d'après le Corrége.

Haut. 22 c. Larg. 18 c.

13 — Mlle Mars, d'après Gérard.

Haut. 20 c. Larg. 16 c.

14 — Sainte Amélie, d'après Paul Delaroche.

Haut. 20 c. Larg. 13 c.

15 — La Féronnière, d'après Léonard de Vinci.

Haut. 19 c. Larg. 15 c.

16 — Enfant endormi, d'après le Guide.

Haut. 14 c. Larg. 19 c.

17 — Talma, d'après Picot.

Haut. 19 c. Larg. 14 c.

18 — Molière, d'après Mignard.

Haut. 18 c. Larg. 15 c.

19 — Vierge, d'après Raphaël.

Forme ovale. — Haut. 18 c. Larg. 14 c.

20 — Tête de Christ, d'après Paul Delaroche.

Forme ovale. — Haut. 18 c. Larg. 14 c.

21 — Tête d'ange, d'après Paul Delaroche.

Forme ovale. — Haut. 18 c. Larg. 14 c.

22 — Vierge à la chaise, d'après Raphaël.

Forme ronde. — Diamètre, 19 c.

23 — Le Comte de Chambord à l'âge de seize ans.

Forme ovale. — Haut. 17 c. Larg. 14 c.

24 — Portrait d'homme, d'après Rubens.

Forme ronde. — Diamètre, 16 c.

25 — Charité. (Grisaille).

Haut. 16 c. Larg. 13 c.

26 — La Famille malheureuse, d'après Prud'hon.

Haut. 16 c. Larg. 11 c.

27 — Sainte Catherine.

Haut. 15 c. Larg. 13 c.

28 — Le Régent.

Forme ovale. — Haut. 15 c. Larg. 12 c.

29 — Odalisque.

Forme ovale. — Haut. 15 c. Larg. 12 c.

30 — Napoléon à cheval. (Grisaille).

Haut. 14 c. Larg. 11 c.

31 — Le Grand Frédéric.

Forme ovale. — Haut. 14 c. Larg. 11 c.

32 — La Pasta, d'après Gérard.

Haut. 14 c. Larg. 11 c.

33 — Tête d'Espagnole.

Forme ovale. — Haut. 14 c. Larg. 11 c.

34 — Tête d'ange, d'après Rubens.

Forme ronde. — Diamètre, 17 c.

35 — La Sainte Face.

Haut. 13 c. Larg. 11 c.

36 — Le duc de Bourgogne, petit-fils de Louis XIV.

Forme ovale. — Haut. 13 c. Larg. 10 c.

37 — Mlle Deshoullières.

Forme ovale. — Haut. 13 c. Larg. 10 c.

38 — Le baron Corvisart, médecin de l'Empereur.

Forme ronde. — Diamètre, 12 c.

39 — Charlotte Corday.

Forme ovale. — Haut. 12 c. Larg. 10 c.

40 — La Mer, bas relief allégorique.

Haut. 11 c. Larg. 37 c.

41 — Vierge et Enfant Jésus, d'après Raphaël.

Haut. 10 c. Larg. 8 c.

42 — Portrait de femme.

Haut. 10 c. Larg. 8 c.

43 — Napoléon, d'après Muneret.

Médaillon ovale.

44 — Charles XII, roi de Suède.

Médaillon rond.

45 — Bossuet, d'après Mignard.

Médaillon ovale.

46 — Pierre le Grand.

Médaillon ovale.

47 — Catherine II, impératrice de Russie.

Médaillon ovale.

48 — Mme la duchesse d'Orléans.

Médaillon ovale, avec écrin.

49 — Le baron Gros, d'après Isabey.

Médaillon ovale.

50 — Portrait de Locke.

Médaillon ovale.

51 — Cinq portraits : Bayard, Condé, Napoléon, Ducis, Amyot.

Médaillons ovales.

52 — Tête d'Espagnole.

Médaillon ovale.

53 — Trois figures allégoriques.

Médaillons ovales.

54 — Trois assiettes : Daphnis et Chloé, la Dame du Lac.

PEINTURES SUR PIERRE DE LAVE.

55 — Sainte Marguerite, d'après Luini.

Haut. 34 c. Larg. 26 c.

56 — Le Coucher, d'après Vanloo.

Haut. 32 c. Larg. 18 c.

MINIATURES.

57 — La maîtresse du Titien.

58 — Vierge, d'après Sasso Ferrato.

59 — Mme de Pompadour.

60 — Charles VIII.

61 — Marie de Médicis, d'après Rubens.

62 — Mme la duchesse d'Angoulème.

63 — Mlle Raucourt.

64 — Jeune fille.

65 — Enfant.

DESSINS.

66 — Mlle Rachel, croquis d'après nature.

67 — Vierge et Enfant Jésus.

68 — Le Joconde, d'après Léonard de Vinci.

69 — La Féronnière,   dito   dito.

70 — Divers dessins et études.

PAR DIVERS.

Mme JAQUOTOT.

71 — Mme la duchesse de Berry, 1817.

Porcelaine. — Haut. 17 c. Larg. 14 c.

MUNERET.

72 — Tête de vieillard.

Peinture à l'huile.

73 — Portrait de femme.

Aquarelle.

SICARD.

74 — Louis XVI.

Miniature.

PERLET (Pierre).

75 — Tête de jeune fille.

Peinture à l'huile.

76 — Portrait de Perrot, architecte de Louis XIV, d'après Rigaud.

Miniature ancienne.

MAES (Nicolas).

77 — Portrait de Locke.

Peinture à l'huile.

LE GUIDE (d'après).

78 — Enfant endormi.

Peinture à l'huile.

F. M. (Signé).

79 — Portrait d'homme.

Peinture sur cuivre.

GONZALÈS.

80 — Ruines.

Deux gouaches.

81 — Dessins anciens, par divers maîtres.

Une épreuve avant la lettre d'un portrait de femme gravé d'après Van Dyck par Henriquel Dupont.

82 — Gravures anciennes et modernes.

83 — Loges de Raphaël, par Chapron.

84 — Galerie Aguado.

85 — L'Enéide et diverses lithographies des œuvres de Girodet.

86 — Vues des habitations les plus célèbres, par Régnier et Champin.

87 — Mannequin de femme, loupe, table à pupitre, et autres objets d'atelier.

88 — Deux vases de porcelaine de Nille.

89 — Sous ce numéro, les objets omis au présent Catalogue.

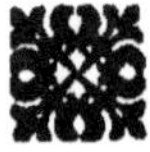

Paris — Maulde et Renou, imprimeurs de la Compagnie des Comm.-Pri. rue de Rivoli prolongée, au coin de celle de l'Arbre-Sec.   8961

www.ingramcontent.com/pod-product-compliance
Lightning Source LLC
LaVergne TN
LVHW010227060726
842527LV00007B/2659